Postman Pat
a'r lleidr rhyfedd

Stori gan JOHN CUNLIFFE   Lluniau gan CELIA BERRIDGE

Ymgynghorwr: B.D. HARRIES, Trefnydd Iaith De Morgannwg

GWASG Y DREF WEN

Cyhoeddwyd drwy gydweithrediad
Awdurdod Addysg De Morgannwg
dan nawdd Cynllun Llyfrau Darllen
Cyd-bwyllgor Addysg Cymru.

Cyhoeddwyd gyntaf gan André Deutsch Ltd
dan y teitl *Postman Pat and the Mystery Thief*.
Cyhoeddwyd gan Wasg y Dref Wen,
28 Ffordd yr Eglwys, Yr Eglwys Newydd, Caerdydd.
Argraffwyd gan Cambus Litho, East Kilbride, Yr Alban.

Un bore braf roedd Postman Pat yn gyrru ar hyd y ffordd gyda'i gath, Jess.
Roedd e'n dosbarthu llythyrau a pharseli i bobl Cwm Gwyrdd.
Bu'n rhaid iddo stopio'n sydyn, achos roedd defaid ar y ffordd.

braf *fine*	dosbarthu *to deliver*
gyrru *to drive*	bu'n rhaid iddo *he had to*
ar hyd *along*	dafad (defaid) *sheep*

Peter Fogg oedd yn gyrru'r defaid. Roedd ei ddau gi defaid gyda fe hefyd. Rhoddodd y maharen fraw i Jess.

ci defaid *sheep-dog*
rhoi braw i *to frighten*
maharen *ram*

Agorodd Peter glwyd, ac aeth y defaid i mewn i'r cae. Caeodd Peter y glwyd, a gyrrodd Pat ymlaen.

clwyd *gate*
cae *field*

Ond cyn hir bu'n rhaid iddo stopio eto – roedd gwartheg ar y ffordd. Alf
Thompson oedd yn eu gyrru nhw. Roedd y gwartheg yn cerdded yn araf
iawn, ond o'r diwedd roedd y ffordd yn glir. Gyrrodd Pat ymlaen.

cyn hir *before long*
gwartheg *cows*
o'r diwedd *at last*
clir *clear*

Stopiodd Pat wrth ysgol y pentref.

"Mae arddangosfa yn yr ysgol heddiw," meddai Lucy. "Mae pawb yn dod â rhywbeth. Edrychwch – blodau sy gen i."

Cywion ieir oedd gan Tom a Katy Pottage, ac wyau oedd gan Sarah.

pentref *village*
arddangosfa *a show, an exhibition*
cywion ieir *chicks*
wy (wyau) *egg*

Gyrrodd Pat ymlaen, i fyny ac i lawr y bryniau, yn dosbarthu llythyrau a pharseli. Roedd ganddo lythyr oddi wrth y cwmni pyllau pêl-droed i George Lancaster.

bryn (bryniau) *hill*
cwmni *company*.
pyllau pêl-droed *football pools*

"Ydy e wedi ennill rhywbeth, tybed?" meddai Pat. Ond doedd George ddim yn y tŷ, felly doedd Pat ddim yn gallu gofyn iddo.

Erbyn hyn roedd yn amser cinio, ac roedd Pat ar y bryn uwchben fferm y Thompsons.

tybed *I wonder*   erbyn hyn *by now*   fferm *farm*
felly *so*   uwchben *above*

"Dyma le da am bicnic," meddai. Aeth allan o'r fan, a neidiodd Jess allan ar ei ôl. Yna clodd y fan, ac aeth i eistedd yn y cae uwchben y fferm.

neidio *to jump*
clodd *he locked*

Roedd ieir Mrs Thompson yn chwilio am fwyd yn y cae. Roedd Jess hefyd yn meddwl am fwyd – roedd hi'n gobeithio bod gan Pat dun o sardîns iddi.

iâr (ieir) *hen*   bwyd *food*   tun o sardîns *tin of sardines*
chwilio am *to look for*   gobeithio *to hope*

Rhoddodd Pat ei ginio ar y glaswellt, a rhoddodd allweddi'r fan yn ymyl y tun. Roedd Jess yn hapus – roedd sardîns iddi. Dechreuodd y ddau fwyta eu cinio. Ond cyn hir dechreuon nhw deimlo'n gysglyd. Gorweddon nhw ar y glaswellt a chau eu llygaid.

glaswellt *grass*   yn ymyl *beside*   cysglyd *sleepy*
allwedd (-i) *key*   teimlo *to feel*   gorwedd *to lie down*

Doedd ieir Mrs Thompson ddim yn gysglyd. Ac roedden nhw wedi gweld y bwyd. Daethon nhw'n nes ac yn nes at Pat a Jess a'r tun bwyd.

yn nes ac yn nes *nearer and nearer*

Dihunodd Pat yn sydyn. Gwelodd ddwy iâr yn rhedeg i ffwrdd â brechdanau yn eu pigau. Roedd iâr arall yn bwyta'r iogwrt. Roedd un iâr wedi codi allweddi'r fan. Rhedodd Pat a Jess ar ei hôl, ond hedfanodd yr iâr i mewn i goeden.

dihuno *to wake up*
brechdan (-au) *sandwich*
pig (-au) *beak*
codi *to pick up*
hedfan *to fly*

"Mae'n rhaid imi gael yr allweddi'n ôl," meddai Pat. "Alla i ddim gyrru'r fan na dosbarthu'r llythyrau hebddyn nhw."

Dechreuodd Pat ddringo'r goeden, yn nes ac yn nes at yr iâr.

Roedd yr iâr yn edrych i lawr arno, a'r allweddi yn ei phig.

alla i ddim *I can't*
hebddyn nhw *without them*
dringo *to climb*

Yn sydyn gollyngodd yr iâr yr allweddi i mewn i dwll yn y goeden, a hedfanodd i ffwrdd.

Ar yr un pryd, rhoddodd Pat ei droed ar gangen bwdr. Torrodd y gangen, a syrthiodd Pat i mewn i lwyn.

Roedd Mrs Thompson wedi clywed y stŵr. Daeth allan o'r tŷ. "Beth sy'n bod?" meddai hi.

"Mae un o'r ieir wedi dwyn allweddi'r fan a'u gollwng i dwll yn y goeden," meddai Pat.

gollwng *to drop*	ar yr un pryd *at the same time*	pwdr *rotten*	stŵr *a row*
twll *hole*	cangen *branch*	llwyn *bush*	dwyn *to steal*

"Dyna ryfedd," meddai Mrs Thompson. "Fel rheol, piod sy'n dwyn pethau disglair. Ydy'r iâr yna yn meddwl mai pioden ydy hi?"

"Oes ysgol gennych chi?" gofynnodd Pat. "Bydd yn hawdd imi ddringo'r goeden gyda help ysgol."

Aethon nhw i gael ysgol. Yna dringodd Pat i mewn i'r goeden. Cyn hir daeth o hyd i'r twll. Roedd yr allweddi yno – ac roedd llawer o bethau eraill yno hefyd.

"Mae hi fel nyth," meddai Pat. "Mae hi fel nyth pioden."

dyna ryfedd *that's odd*   ysgol *ladder*
fel rheol *as a rule*   daeth o hyd i *he found*
pioden (piod) *magpie*   nyth *nest*
disglair *shiny*

Daeth Pat â phopeth i lawr i'w dangos i Mrs Thompson. Roedd llawer o bethau disglair yno – ac un peth disglair iawn.

"Fy modrwy briodas!" meddai Mrs Thompson mewn syndod. "Collais i hi y llynedd. Roeddwn i'n meddwl ei bod wedi mynd i lawr y sinc!"

Yna aethon nhw â'r ysgol yn ôl i'r tŷ.

"Dewch i mewn," meddai Mrs Thompson. "Fy ieir i sy wedi dwyn eich cinio – felly rhaid ichi gael cinio gyda mi."

modrwy briodas *wedding ring*
syndod *amazement*
y llynedd *last year*

Cafodd Pat ginio da gyda Mrs Thompson – llawer gwell na'r brechdanau.
Cafodd Jess ginio da hefyd – pysgod a llaeth.
Ac roedd Mrs Thompson yn hapus iawn, achos roedd hi wedi cael ei modrwy briodas yn ôl.

llawer gwell *much better*
pysgod *fish*

Rhoddodd Pat y pethau disglair yn ei boced. Yna aeth ef a Jess yn ôl i'r fan.

"Iâr-bioden," meddai Pat. "Dyna ryfedd!"

Wrth yrru ar hyd y ffordd, gwelodd Sam Waldron a'i siop deithiol. Aeth i ddweud wrtho am yr iâr-bioden.

"Tybed oedd fy mhin tei yn y twll yna?" meddai Sam.

Dangosodd Pat gasgliad yr iâr iddo, ond doedd y pin tei ddim yno.

siop deithiol *mobile shop* pin tei *tie-pin*
tybed *I wonder* casgliad *collection*

Roedd gan Pat lythyrau i Miss Hubbard. Dywedodd wrthi am yr iâr-bioden.

"Collais glust-dlws y mis diwetha," meddai Miss Hubbard. "Tybed ydy e yn y casgliad?"

Ond doedd e ddim.

"Efallai fod casgliad arall gan yr iâr yna," meddai Miss Hubbard, "mewn coeden arall."

clust-dlws *ear-ring*
y mis diwetha *last month*
efallai *perhaps*

Wrth y bont, gwelodd Pat George Lancaster ar ei dractor. Dywedodd wrtho fe hefyd am yr iâr-bioden.

"Wel, dydw i ddim wedi colli dim byd," meddai George.

"Ond efallai eich bod chi wedi ennill rhywbeth," meddai Pat. "Mae llythyr ichi oddi wrth y cwmni pyllau pêl-droed yn y tŷ."

Gyrrodd George yn syth adre i ddarllen y llythyr.

yn syth *straight*

Ar y ffordd adre gwelodd Pat ddwy bioden go-iawn.
"Chi ddysgodd ieir Mrs Thompson sut i ddwyn, tybed?" meddai.
Ddywedodd Jess ddim byd. Roedd hi'n cysgu.

go-iawn *real*